CYCLES

CYCLES

CHAMPEYRACHE

R. C. ALAIS 1368

USINE & BUREAUX :

Boulev. Gambetta et Avenue Carnot

ALAIS

(GARD)

CHÈQUES-POSTAUX MONTPELLIER. 3751

TÉLÉPHONE 41

CONDITIONS GÉNÉRALES DE VENTE

Emballages. — Nos emballages sont toujours facturés au prix de revient le plus juste, et ne sont repris en aucun cas.

Paiements. — Nos prix s'entendent au comptant, sans escompte, marchandises prises à Alais, et nos traites ne font ni novation, ni dérogation à cette clause attributive de juridiction.

Garantie. — Tous nos Cycles *Champeyrache* sont livrés avec un certificat de garantie, portant matricule des machines, correspondant au numéro des cadres et la date de leur achat. Cette garantie est limitée au délai d'un an, et à l'échange ou à la réparation à nos usines, des pièces reconnues par nous défectueuses ; la gratuité doit être réclamée au moment de la demande d'échange ou de réparation ; la remise de l'ancienne pièce doit être faite au préalable, et, dans tous les cas, le certificat de garantie devra être produit. Tous nos efforts tendent à obtenir une fabrication parfaite, et nous n'acceptons aucune responsabilité pour les conséquenses préjudiciables du défaut de matière ou de vice de construction. Pour les accessoires, tels que : pneus, selles, articles en bois qui ne sont pas de notre fabrication, notre garantie ne peut être que celle de nos fournisseurs.

Réparation. — Toute machine ou pièce, qui nous est expédiée pour réparation, devra nous être adressée franco, et porter une étiquette mentionnant le nom et l'adresse de l'expéditeur. Sauf demande expresse du client, formulée à l'envoi, les pièces remplacées ne sont point conservées. Il est indispensable d'accompagner chaque envoi d'une lettre explicative.

Juridiction. — Les cas de force majeure et la grève entraînent dérogation immédiate à tous nos engagements. Les Tribunaux d'Alais sont seuls compétents pour connaître des différends auxquels nos transactions pourraient donner lieu.

Expéditions. — Elles sont toujours faites aux frais, risques et périls du destinataire et nous déclinons toute responsabilité pour retards, avaries ou manquants.

N° 1. Type « Homme Route »

CARACTERISTIQUES

Cadre brasé émail noir, filet et bandeau or.
Guidon très relevé ou genre anglais avec
 poignées genre corne.
Pédales Lyotard. Selle Inextensible 160.
Moyeux à bains d'huile D.C.A. feutrés.
Roue libre D.C.A. Frein à câble arrière D.C A.
Garde-boue acier renforcé spécial.
Jantes acier émail noir et pneus Dunlop 700x35
Rayons oxydés noirs ou nickelés.
Chaine Brampton ou S.I.B.
Pompe de cadre, sacoche garnie complète.

Prix : frs **500**

N° 2. Type « Homme Touriste »

Même composition que la machine n° 1 mais
 avec jantes demi-nickelées et deux freins
 avant et arrière.

Prix : Frs **520**

N° 3. Type « Homme Touriste Anglais »

CARACTERISTIQUES

Cadre brasé émail noir, filet et bandeau or.
Guidon anglais avec double freins rigides,
    poignées genre corne.
Pédales Lyotard.
Selle Inextensible 160.
Moyeux à bain d'huile D.C.A. feutrés.
Roue libre D.C.A. Garde-boue acier renforcé
    spécial.
Jantes acier demi-nickel et pneus Dunlop
    700x35.
Rayons oxydés noirs ou nickelés.
Pneus Dunlop, chaine Brampton ou S.J.B.
Pompe de cadre, sacoche garnie complète.

Prix : Frs **545**

Nº 4. Type « Homme Luxe »

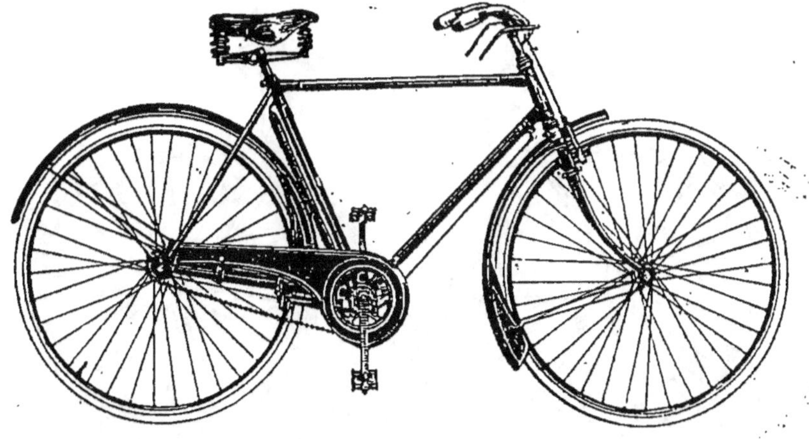

CARACTERISTIQUES

Cadre brasé émail noir, filet et bandeau or
Guidon anglais avec double freins rigides,
   poignées genre corne.
Pédales Lyotard luxe à plaquettes rabattues.
Selle Inextensible 190 à ressorts torsadés.
Moyeux à bain d'huile D.C.A. feutrés.
Roue libre D.C.A.
Garde-boue acier renforcé spécial, avec ba-
   volets.
Jantes acier demi-nickel et Pneus Dunlop
   700x35.
Rayons oxydés noirs ou nickelés.
Chaine Brampton ou S.J.B.
Carter revolver.
Pompe de cadre, sacoche garnie complète
   avec clé Prefer.

Prix : Frs........ **575**

N° 5. Type « Homme Trials »

CARACTERISTIQUES

Cadre brasé raccords visibles fraisés et ajourés, émail gris bandeaux vert « Champeyrache ».
Guidon Trials ou au choix ; poignées caoutchouc.
Pédales Lyotard luxe à plaquettes rabattues.
Selle Inextensible 75, cuir course sur trois ressorts.
Moyeux à bain d'huile DCA course, deux filetages, écrous papillons d'axes.
Roue-libre DCA et pignon fixe.
Freins à câbles avant et arrière DCA.
Garde-boue acier course avec bavolets, émail assorti.
Jantes acier demi-nickel et pneus Dunlop 700x28.
Rayons oxydés noirs ou nickelés.
Chaîne Brampton ou S.I.B.
Carter révolver, émail assorti.
Pompe de cadre. Sacoche garnie complète.

Prix : Frs....... **625**

CARACTERISTIQUES

Cadre brasé, double col de cygne, émail noir, filet et bandeau or.
Guidon très relevé ou genre anglais avec poignées genre corne ; Pédales Lyotard, caoutchouc.
Selle H. G , Meilleure, 87, à coussins.
Moyeux à bain d'huile, D.C.A., feutrés.
Roue libre D.C A ; Frein à câble. sous pédalier D.C A
Garde-boue acier renforcé spécial.
Jantes acier, émail noir et pneus Dunlop 700 ou 650 x 35 ; Rayons oxydés noirs ou nickelés.
Chaine Brampton ou S.I.B ; carter luxe.
Filets garde-jupe anglais.
Pompe de cadre ; Sacoche garnie complète.

Prix : Frs....... **560**

Nº 7. Type « Dame Touriste »

Même composition que la machine nº 6, mais avec jantes acier demi-nickelées et 2 freins à câbles avant et sous pédalier.

Prix : Frs....... **580**

Nos machines nºˢ 6 et 7, se font avec cadre, haut. 50 pour roues de 650, ou 55 pour roues de 700.

N° 8. Type « Dame Touriste Anglais »

CARACTERISTIQUES

Cadre brasé, double col de cygne, émail noir,
   filet et bandeau or.
Guidon anglais avec double freins rigides,
   poignées genre corne.
Pédales Lyotard caoutchouc
Selle H.G. Meilleure 87 à coussins.
Moyeux à bain d'huile D.C.A. feutrés.
Roue libre D.C.A.
Garde-boue acier renforcé spécial.
Jantes acier demi nickel et Pneus Dunlop 700
   ou 650x35. Rayons oxydés noirs ou nickelés.
Chaine Brampton ou S.I.B. Carter luxe.
Filets garde-jupe anglais
Pompe de cadre : Sacoche garnie complète.

Prix : Frs....... **605**

Notre machine n° 8 se fait avec cadre hauteur 50 pour
roues de 650, ou 55 pour roues de 700.

CARACTERISTIQUES

Cadre brasé double col de cygne, émail noir,
  filet et bandeau or.
Guidon anglais avec double freins rigides,
  Poignées genre corne.
Pédales Lyotard, plaquettes rabattues ou
  caoutchouc.
Selle Inextensible 225 à ressorts torsadés.
Moyeux à bain d'huile D.C.A. feutrés.
Roue libre D.C.A.
Garde-boue acier renforcé spécial.
Jantes acier demi-nickel et Pneus Dunlop 700
  ou 650x35. Rayons oxydés noirs ou nickelés.
Chaine Brampton ou S.I.B ; Carter luxe.
Filets garde-jupe anglais, soie.
Pompe de cadre ; Sacoche garnie complète
  avec clé Prefer.

Prix : Frs........ **625**

Notre machine n° 9 se fait avec cadre hauteur 50 pour
roues de 650, ou 55 pour roues de 700.

CARACTERISTIQUES

Cadre brasé, double col de cygne, raccords visibles fraisés et ajourés, émail gris, bandeaux vert « Champeyrache ».
Guidon Trials ou au choix, Poignées caoutchouc. Pédales Lyotard, plaquettes rabattues
Selle inextensible 210.
Moyeux à bain d'huile D.C.A. course, deux filetages.
Ecrous papillons d'axes ; Roue libre D.C.A. et pignon fixe.
Freins à câbles avant et arrière D.C A.
Garde-boue acier course avec bavolets, émail assorti.
Jantes acier demi-nickel ; pneus Dunlop 700 ou 650x28. Rayons oxydés noirs ou nickelés
Chaine Brampton ou S I.B. ; Carter revolver.
Filets garde-jupe anglais, soie.
Pompe de cadre ; sacoche garnie complète.

Prix : Frs **640**

Notre machine n° 10 se fait avec cadre hauteur 50 pour roues de 650, ou 55 pour roues de 700.

CARACTERISTIQUES

Cadre brasé raccords visibles, fraisés et
  ajourés, émail « gris, bandeaux verts
  Champeyrache ».
Guidon quatre positions, poignées caout-
  chouc. — Pédales Lyotard course.
Selle Inextensible 76 extra-longue.
Moyeux à bain d'huile D.C.A. course, deux
  filetages.
Ecrous papillons d'axes ; Roue libre D.C.A.
  et Pignon fixe.
Freins course à câbles avant et arrière D.C.A.
Jantes acier demi-nickel et pneus Dunlop
  700×28. — Rayons oxydés, noirs ou nickelés.
Chaine Brampton ou S. I. B.
Pompe de cadre ; Sacoche garnie complète.

Prix : Frs **585**

Nᵒ 12 Type Course « Bordeaux-Paris Boyaux »

Même composition que la machine nᵒ 11, mais
  avec jantes bois érable nervurées et Boyaux
  Dunlop.

Prix : Frs **615**

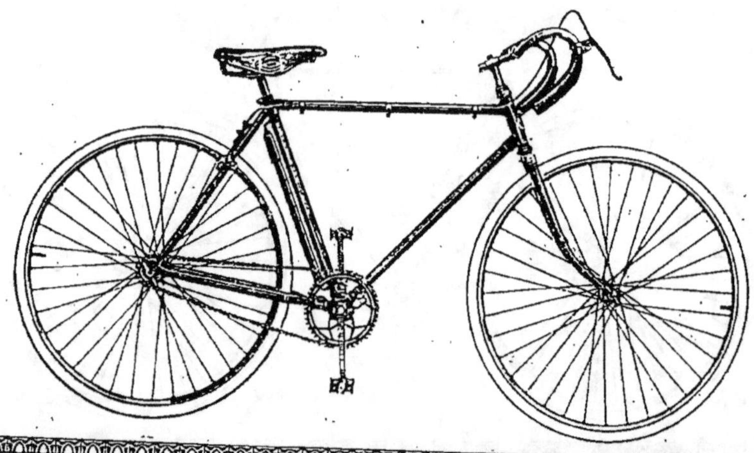

CARACTERISTIQUES

Cadre brasé, émail noir, filet et bandeau or
Guidon genre Belge, poignées caoutchouc.
Pédales Lyotard. — Selle inextensible 72.
Moyeux à bain d'huile DCA course, 2 filetages
Ecrous papillons d'axes, roue libre DCA et
   pignon fixe.
Frein course à câble arrière DCA.
Jantes acier demi nickel et pneus Dunlop
   700x28.
Rayons oxydés noirs ou nickelés.
Chaîne Brampton ou S.I.B,
Pompe de cadre, Sacoche garnie complète.

Prix : Frs...... **545**

CARACTERISTIQUES

Cadre brasé, raccords visibles, fraisés et ajourés, émail « gris, bandeaux et décors verts "Champeyrache ».

Guidon reversible, quatre positions, poignées caoutchouc.

Pédales Lyotard, course

Selle inextensible, 76, extra-longue.

Moyeux à bain d'huile, D.C A., course, deux filetages.

Ecrous papillons d'axes ; Roue libre D.C A. et pignon fixe.

Freins course spéciaux, avant et arrière, Pélissier.

Jantes bois érable, nervurées et boyaux Dunlop.

Rayons oxydés noirs ou nickelés.

Chaine Renold.

Pompe celluloïd, de cadre.

Sacoche garnie, complète.

Prix : Frs........ **670**

SUPPLÉMENTS ÉVENTUELS

	FR.
Frein-câble avant	18
Jantes acier demi-nickel	12
Garde-boue acier, profil course, émail gris	14
Garde-boue acier, profil course, bavolets	18
Garde-boue bois, profil course	14
Changement de vitesse le «Cyclo» à 2 vit^{es}	65
Changement de vitesse le «Cyclo» à 3 vit^{es}	90
Changement de vitesse BSA à 3 vitesses, au cours	

EXTRAIT

DU

PALMARÈS DES CYCLES CHAMPEYRACHE

1924

Championnat du Gard. — Vitesse : 1er FRAYSSE,
Fond : 1er BARTHÉLÉMY.
Circuit du "Petit Provençal". — 1er BARTHÉLÉMY.
Grand Prix de l'Aude. — 1er LAVIGNE.
Grand Prix Automoto. — (St-Marcel) 1er PARDO.
Gd Prix de la Ville de Nimes. — 1er BARTHÉLÉMY,
2me BLAISE.
Circuit des Cévennes. — 1er BARTHÉLÉMY, 2me BLAISE.
Grand Prix du Bousquet d'Orb. — 1er BOURRELY.
Circuit du Haut-Gard. — 1er FRAYSSE.
Grand Prix Quincy. — 1er BLAISE.

etc. etc.

1925

Trophée Ravat Wonder. — (Avig.) 1er BARTHÉLÉMY.
TOUR DU SUD-EST. — (2.000 km.) 1er VILLEVIEILLE.
2me BARTHÉLÉMY.
Championnat du Gard. — (100 k.) 1er BARTHÉLÉMY.
Grand Prix de Millau. — 1er TRAMIER.
Circuit Lozérien. — (Mende) 1er BARTHÉLÉMY
Grand Prix d'Aubin. — 1er TRAMIER.
Circuit des Cévennes. — 1er VILLEVIEILLE.
Grand Prix de Romans. — 1er TRAMIER.
Critérium de l'Aveyron. — (Millau) 1er TRAMIER.
Circuit du Comtat. — (Carpentras) 1er TRAMIER.
Grand Prix de la Victoire. — (Nice) 1er MENTA.

etc. etc.

www.ingramcontent.com/pod-product-compliance
Lightning Source LLC
LaVergne TN
LVHW021102050726
842519LV00005B/1790